Isi dhe Osiri

Isis and Osiris

Retold by Dawn Casey

Illustrated by Nilesh Mistry

Albanian translation by Viola Baynes

KU-587-097

Mantra Lingua

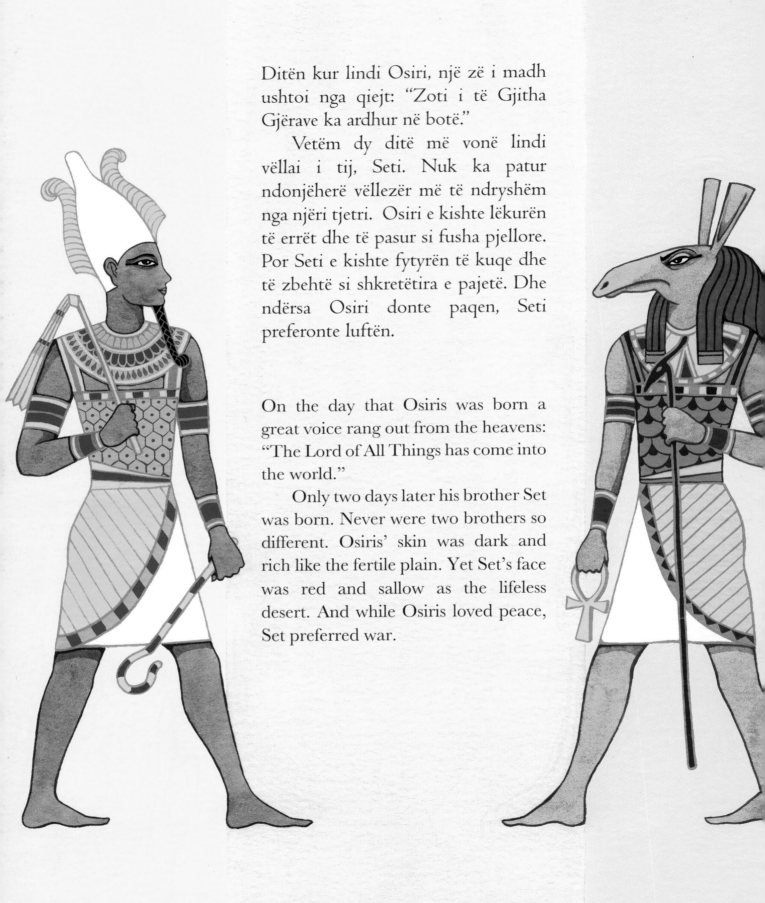

Ditën kur lindi Osiri, një zë i madh ushtoi nga qiejt: "Zoti i të Gjitha Gjërave ka ardhur në botë."

Vetëm dy ditë më vonë lindi vëllai i tij, Seti. Nuk ka patur ndonjëherë vëllezër më të ndryshëm nga njëri tjetri. Osiri e kishte lëkurën të errët dhe të pasur si fusha pjellore. Por Seti e kishte fytyrën të kuqe dhe të zbehtë si shkretëtira e pajetë. Dhe ndërsa Osiri donte paqen, Seti preferonte luftën.

On the day that Osiris was born a great voice rang out from the heavens: "The Lord of All Things has come into the world."

Only two days later his brother Set was born. Never were two brothers so different. Osiris' skin was dark and rich like the fertile plain. Yet Set's face was red and sallow as the lifeless desert. And while Osiris loved peace, Set preferred war.

Isi dhe Osiri

një mit i vjetër egjiptian

Isis and Osiris

an ancient Egyptian myth

3 8002 02356 557 7

Hyrje

Egjipti i lashtë ishte qytetërimi më jetëgjatë i historisë njerëzore, duke zgjatur mbi 3000 vjet. Egjiptianët adhuronin shumë perëndi; dy nga më të pëlqyerat ishin Isi dhe Osiri. Ritet egjiptiane të varrimit mbështeteshin në historinë e tyre, e cila tregon se si u bë mumja e parë.

Ky mit shpjegon edhe përmbytjen e përvitshme të Nilit, nga i cili varej e gjithë jeta. Ngritja e ujit besohej të ishte shkaktuar nga lotët e Isit.

Perënditë dhe perëndeshat egjiptiane në këtë tregim:

Isi: Perëndesha e amësisë, mbrojtjes dhe shërimit.

Osiri: Mbreti i botës së nëndheshme dhe perëndia e rilindjes.

Seti: Perëndia e keqe e shkretërirës, çrregullisë dhe stuhive.

Horusi: Perëndia e statusit mbretëror dhe e qiellit.

Ra: Perëndia e Diellit.

Coventry City Council

CEN*

3 8002 02356 557 7

Askews & Holts	Jan-2018
J398.20932 DUAL LANG	£7.50

Introduction

Ancient Egypt was the longest running civilization in human history, lasting over 3000 years. The Egyptians worshipped many gods; two of the most popular were Isis and Osiris. Egyptian burial rites were based on their story, which tells how the first ever mummy was made.

The myth also explains the annual flooding of the Nile, upon which all life depended. The rising water was believed to be caused by the tears of Isis.

Egyptian gods and goddesses in this story:

Isis: Goddess of motherhood, protection and healing.

Osiris: King of the Underworld and god of re-birth.

Set: The evil god of the desert, disorder and storms.

Horus: God of kingship and of the sky.

Ra: The Sun god.

Në atë periudhë, shumë kohë më përpara, Ra sundonte ende mbi Tokë si Faraoni i parë i Egjiptit. Dhe, pa asnjë dyshim, kur Ra u plak dhe e la këtë botë për të lundruar përmes qiejve në të tijën varkë-dielli, Osiri trashëgoi dhe zuri fronin e tij.

At that time, so very long ago, Ra still ruled on Earth as the first Pharaoh of Egypt. And, sure as fate, when Ra grew old and left this world to sail across the skies in his boat-of-the-sun, it was Osiris who took his throne.

Osiri dhe e shoqja e tij, Isi u bënë Faraoni dhe Mbretëresha e Egjiptit. Ata mbretëruan mirë dhe me urtësi. Paqja mbizotëroi në të gjithë vendin.

Atëherë Osiri filloi të udhëtonte nëpër botë dhe mësonte popujt që takonte. Kudo që ai shkonte, paqja e ndiqte pas. Dhe gjatë kohës që ai ishte larg, Isi mbretëroi mbi vendin e Egjiptit me forcë dhe zotësi.

Kur ai u kthye, pati festime të mëdha, sepse të gjithë njerëzit e donin.

Të gjithë përveç njërit…

Osiris and his wife Isis became Pharaoh and Queen of Egypt. They ruled wisely and well. Peace prevailed throughout the land.

Then Osiris travelled the whole world teaching the peoples he met. Wherever he went, peace followed. And while he was away Isis reigned over the land of Egypt with strength and skill.

On his return there was great rejoicing, for all his people loved him.

All except one…

...vëllait të tij, Setit.

Ditë pas dite, vit pas viti, Seti vëzhgonte veprat e mira të vëllait të tij të madh me përbuzje në sy, dhe zili në zemër. Kur brohoritjet për Osirin tingëlluan në veshët e Setit, urrejtja e tij u flakërua, dhe ai thuri një plan për të shkatërruar përjetë vëllain e tij.

...his brother Set.

Day after day, year after year, Set watched his elder brother's good deeds with scorn in his eyes, and jealousy in his heart. Now, as the cheers for Osiris rang in his ears, Set's hatred burned, and he devised a plan to destroy his brother forever.

Seti porositi fshehurazi që të ndërtohej një kuti e bukur. Ajo ishte stolisur me shumë ëndje, dhe ishte në madhësinë e trupit të Osirit.

Një gosti mbretërore u mbajt në nder të Osirit. Seti ishte atje bashkë me ndjekësit e tij. Dhe atje, ai prezantoi kutinë. Të ftuarit mbetën pa frymë nga habia dhe gëzimi kur e panë. Ajo shkëlqente me argjend, ar dhe lapis lazuli, një gur ngjyrë blu të errët sa qielli i natës, dhe xhevahirët xixëllonin si yje.

Secretly Set had a beautiful casket built. It was exquisitely decorated, and it was just the right size to fit Osiris' body.

A royal feast was held in Osiris' honour. Set was there with his followers. And there, he presented the casket. The guests let out gasps of wonder and delight at the sight of it. It shone with silver, gold and lapis lazuli, blue as deep as the night sky, and precious gems sparkled like stars.

"Ai që futet e rri tamam brenda kësaj kutie do ta marrë si dhuratë," shpalli Seti.

Të ftuarit hynë plot dëshirë në kuti, duke qeshur dhe bërë shaka. Një nga një ata u shtrinë në kuti, por njëri ishte shumë i gjatë, tjetri shumë i shkurtër, një tjetër shumë i shëndoshë, një tjetër shumë i dobët. Asnjë njeri nuk rrinte tamam në kuti.

Atëherë, Osiri doli përpara. "Më lini ta provoj," tha ai. Ai hyri në kuti dhe u shtri. Kutia ishte tamam për të.

"Whoever fits inside this casket shall have it as a gift," Set announced.

Eagerly the guests entered the casket, laughing and joking. One by one they lay down in the chest, but one was too tall, another too short, one was too fat, another too thin. Not one man fitted into the chest.

And then, Osiris came forward. "Let me try," he said. He stepped into the casket and lay down. It fitted perfectly.

BAM! Seti e përplasi kapakun me vrull dhe e mbylli fort, dhe Osiri ngeci brenda. Ndjekësit e Setit u sulën përpara, të shpejtë si era e stuhisë, dhe e mbërthyen arkivolin me çekiçë.

BANG! Set slammed down the lid and snapped it shut, and Osiris was trapped inside. Swift as the storm wind Set's followers rushed forward, and hammered the coffin closed.

Ndjekësit e Setit e hodhën arkivolin në Nil me një spërkatje të fuqishme, dhe ujërat e errëta e mbuluan përsipër.

Kështu mbaroi jeta e Osirit të mirë.

With an almighty splash Set's followers flung the coffin into the Nile, and the dark waters closed above it.

And so ended the life of Osiris the good.

Kur Isi zbuloi atë që i kishte ndodhur të shoqit të saj të dashur ajo, qau me hidhërim. Por përmes lotëve të saj, mbretëresha vejushë shqiptoi një betim: "Njerëzit vdesin, por dashuria vazhdon. Unë do të kontrolloj gjithë Egjiptin për Osirin, dhe do ta gjej."

Ajo e dinte që deri sa të kryheshin ritet e duhura mortore, fryma e tij nuk do të ishte kurrë e lirë të hynte në Duat, Tokën e të Vdekurve.

Isi nisi kërkimin. Menjëherë pasi ajo kishte ikur, Seti shtui në dorë fronin. Sundimi i tij ishte i ashpër dhe mizor. Mbretëresha e mirë, Isi, u detyrua të gjente strehë në moçalet dhe xhunglat e deltës. Atje, ajo lindi birin e Osirit, Horusin. Me butësi, nëna u kujdes për të birin. Por ajo e dinte që po ta gjente Seti, do ta vriste. Kështu Isi ia besoi foshnjën përkujdesjes së perëndeshës zemërmirë të deltës.

When Isis discovered what had happened to her beloved husband she wept bitterly. But through her tears the widowed queen uttered a vow: "Men die but love lives on. I will search all Egypt for Osiris, and I will find him."

She knew that until the proper funeral rites were performed his spirit would never be free to enter Duat, the Land of the Dead.

Isis began her quest. The moment she was gone Set seized the throne. His rule was cruel and harsh. The good queen Isis was forced to shelter in the swamps and jungles of the delta. There, she gave birth to Osiris' son, Horus. Tenderly the mother nursed her son. But she knew that if Set found him, he would kill him. So Isis entrusted her baby to the care of the kindly goddess of the delta.

Mbretëresha u end gjithandej në kërkim të trupit të Osirit, dhe nuk kaloi askënd pa pyetur nëse ua kishte zënë syri kutinë.

Ajo nuk pushoi asnjëherë. Nuk e humbi kurrë shpresën.

The queen wandered far and wide seeking the body of Osiris, passing no one without asking them if they had caught a glimpse of the chest.

Not once did she rest. Never did she give up hope.

Për një kohë të gjatë ajo kërkoi më kot, deri sa një ditë takoi një grup fëmijësh. Ata e kishin parë kutinë duke fluskuar në lumë drejt detit. Ujërat e rrëmbyera e kishin çuar deri në bregdetin e Libanit, ku ujërat e kishin lëshuar me butësi tek këmbët e trungut të një bruke të re. Pema u rrit shpejt rreth kutisë, duke e mbështjellë atë brenda trungut deri sa e fshehu plotësisht.

Kjo pemë e mrekullueshme u rrit e u bë e lartë, e fortë dhe aromatike. Fama e saj arriti deri tek veshët e vetë mbretit, dhe kur e pa, ai urdhëroi, "Priteni! Unë do ta bëj një shtyllë në pallatin tim!"

Trungu qëndroi në pallatin e mbretit, një shtyllë madhështore, me sekretin e tij të sigurt ende brenda.

For a long time she searched in vain, until one day she met a group of children. They had seen the chest floating down the river and away out to sea. The swift waters had carried it to the shores of Lebanon, where the waves had gently set it down to rest at the base of a young tamarisk tree. The tree quickly grew up around the casket, enfolding it within its trunk until it was completely hidden.

The wonderful tree grew tall and strong and aromatic. Its fame reached the ears of the king himself, and when he saw it he commanded, "Chop it down! I shall have it as a pillar in my palace!"

The trunk stood in the king's palace, a magnificent pillar, its secret still safe inside.

Isi iku menjëherë në Liban. Atje, ajo u miqësua me shërbëtoret e mbretëreshës, duke biseduar ngrohtë, dhe duke u treguar si të thurnin dhe të gërshetonin flokët e tyre. Mbretëresha u magjeps dhe e ftoi Isin të rrinte në pallat.

Isis rushed to Lebanon at once. There, she befriended the queen's maids, chatting warmly, and showing them how to plait and braid their hair. The queen was enchanted and invited Isis to stay in the palace.

Por shërbëtoret i treguan mbretëreshës që çdo natë Isi i largonte nga dhoma dhe kyçte derën, dhe ato dëgjonin një tingull të pazakontë si cicërimat e një zogu.

Kështu, një natë, mbretëresha u fsheh në dhomë. Sytë e saj u hapën nga habia kur ajo pa Isin të shndërrohej në një dallëndyshe, dhe të fluturonte rreth e rrotull shtyllës që mbante të shoqin e saj të burgosur, duke lëshuar britma plot hidhërim.

But the maids told the queen that every night Isis would send them out of the room and lock the door, and they could hear an odd sound like the twittering of a bird.

So, one night, the queen hid in the room. Her eyes widened as she saw Isis transform herself into a swallow, and fly around and around the pillar which held her husband prisoner, uttering sorrowful cries.

Mbretëresha ra në gjunj ndërsa perëndesha Isi shfaqi formën e saj të vërtetë, duke qëndruar e gjatë e rrezëllitëse përballë saj.

"O Mbretëreshë e mbretëreshave!" gulçoi mbretëresha, "pse jeni këtu?"

"Ju lutem," iu lut Isi, "do t'ju jap bekimin tim, nëse do të më jepni shtyllën tuaj."

Kështu, urdhri u dha për të hequr shtyllën. Njerëzit e mbretit rrëzuan trungun vigan.

Isi nxori arkivolin e të shoqit, dhe ra mbi të, duke e larë me lot.

The queen fell to her knees as the goddess Isis revealed her true form, towering, radiant, above her.

"Ultimate Queen!" the woman gasped, "why are you here?"

"Please," Isis implored, "I will give you my blessing, if you will give me your pillar."

So, an order was sent to take down the pillar. The king's men cut down the mighty trunk.

Isis drew out the coffin of her husband, and fell upon it, and bathed it in tears.

Ajo vuri arkivolin në një varkë dhe iku me të.

Isi mezi priste të shikonte edhe një herë fytyrën e Osirit, dhe sapo mbeti vetëm, ajo hapi kutinë. Dhe ai ishte aty, i vdekur. Ajo e mbajti pranë vetes ndërsa qau me dënesë, dhe lotët e saj të ngrohta ranë mbi fytyrën e ftohtë të të shoqit.

She placed the coffin in a boat and sailed away with it.

Isis was longing to look upon the face of Osiris once more, and as soon as she was alone, she opened the chest. There he was. Dead. She held him to her as she sobbed, and her warm tears fell upon the cold face of her husband.

Kur Isi mbërriti në Egjipt, ajo e fshehu arkivolin në kënetat e deltës ndërsa nxitoi të shihte birin e saj.

Por mjerë! Po atë natë, dikush ishte fshehur në hije, duke bërë gjueti nën dritën e hënës…

When Isis arrived in Egypt she hid the coffin in the swamps of the delta while she rushed to see her son.

But alas! On that very night somebody was lurking in the shadows, out hunting by the light of the moon…

…Seti! Kur ai pa arkivolin, e njohu menjëherë.

Me një ulërimë të tërbuar ai e rrëmbeu trupin nga kutia. "Kësaj radhe ti nuk do të kthehesh!" buçiti ai, dhe e shqeu copë-copë trupin e Osirit. "Isi nuk do të të shpëtojë prapë!" hungëroi ai, dhe ai i shpërndau katërmbëdhjetë copat e trupit anekënd Egjiptit.

Isi, zemra e së cilës kishte duruar tashmë kaq shumë, dhe lotët e së cilës kishin rënë tashmë si shiu, tani derdhi aq lot sa mund të përmbyste Nilin.

A do të dorëzohej më në fund ajo?

…Set! When he came across the coffin he recognised it at once.

With a howl of rage he snatched the body from the chest. "This time you will not return!" he roared, and he ripped Osiris' body limb from limb. "Isis will not save you again!" he snarled, and he scattered the fourteen pieces over the length and breadth of Egypt.

Isis, whose heart had already endured so much, and whose tears had already fallen like rain, now wept tears enough to flood the Nile.

Would she give up at last?

Kurrë! Mbretëresha trime bëri për vete një varkë prej kallamash dhe lundroi nëpër kënetat e Nilit në kërkim të pjesëve të çmueshme të trupit të të shoqit.

Një nga një Isi mblodhi pjesët e trupit. Pjesë-pjesë ajo i bashkoi përsëri.

Isi dhe motra e saj Neptisa, u ulën pranë trupit dhe kënduan vajtime me zë të lartë për mbretin e vrarë. Kuja e tyre arriti në qiell, dhe lart në qiej perëndia e Diellit, Ra, dëgjoi thirrjet dhe pati mëshirë për Isin. Ai dërgoi perënditë Anubis dhe Thoth për ta ndihmuar.

Ata sëbashku mbështollën trupin me fasho. Sëbashku, ata e balsamosën me melhem. Kështu u bë mumja e parë e Egjiptit.

Never! The brave queen made a boat for herself from papyrus and sailed the swamps of the Nile searching for the precious pieces of her husband's body.

Piece by piece Isis gathered up the broken parts. Piece by piece she laid them back together.

Isis and her sister Nepthys sat beside the body and sang loud laments for the murdered king. Their wailing reached as high as heaven, and up in the skies the Sun-god Ra heard their cries, and he took pity on Isis. He sent the gods Anubis and Thoth to help her.

Together they swathed the body in bandages. Together they embalmed it with ointment. Thus Egypt's first ever mummy was made.

Atëherë Isi kreu një magji të fuqishme, të një lloji që nuk ishte parë kurrë më parë. Kur ajo ngriti krahët ata u shndërruan në dy flatra të lavdishme. Isi fluturoi mbi trupin e vdekur, dhe kur rrahu flatrat, era vërshoi nga pendët e saj në flegrat e Osirit, dhe ai thithi ajrin dhe mori frymë përsëri.

Kështu fryma e Osirit ishte e lirë më në fund, dhe ajo kaloi në Tokën e të Vdekurve. Atje ai sundoi si Gjykatës dhe Mbret në përjetësi.

Then Isis performed a powerful magic, such as had never been seen before. As she raised her arms they were transformed into a pair of glorious wings. Isis flew above the dead body, and as she fanned her feathers the wind from her wings rushed into Osiris' nostrils, and he inhaled, and breathed again.

And so the spirit of Osiris was free at last, and it passed into the Land of the Dead. There he ruled as Judge and King for all eternity.

Isi u kthye në deltën e lumit për të rritur birin e saj të vogël. Me kalimin e viteve Horusi, mbreti i vërtetë i Egjiptit, u rrit në një djalosh të fortë dhe trim. Osiri vinte shpesh tek ai nga Toka e të Vdekurve, dhe i mësonte aftësitë e luftëtarit, sepse mbi të gjitha Horusi shpresonte të hakmerrej për të atin.

Me zemër të patundur Horusi, biri i Isit, trashëgimtari i Osirit, u nis për të mundur armikun.

Isis returned to the river delta to bring up her baby son. As the years passed, Horus, the rightful king of Egypt, grew into a strong and brave young man. Osiris often came to him from the Land of the Dead, and taught him the skills of the warrior, for above all else Horus hoped to avenge his father.

With a firm heart Horus, son of Isis, heir of Osiris, set out to defeat his enemy.

Beteja vazhdoi për shumë ditë. Disa thonë që Horusi thirri fuqinë e perëndive për ta ndihmuar, dhe u shndërrua në një disk të zjarrtë, të shkëlqyeshëm si dielli, me krahë të shtrirë flakërues. Të verbuar nga shkëlqimi, ushtritë e Setit u hutuan dhe filluan të sulmonin njëri-tjetrin!

The battle raged for many days. Some say Horus called on the power of the gods to help him, and was transformed into a blazing disc, as bright as the sun, with outstretched wings of fire. Blinded by the brightness, Set's armies were dazzled and confused and they began to attack one another!

Por Seti nuk mund të mposhtej dhe aq kollaj; ai thirri një magji të egër të vetën, duke shndërruar njerëzit e tij në një ushtri hipopotamësh dhe krokodilash të stërmëdhenj. Ata u futën fshehtas në Nil, dhe pritën varkën e Horusit.

Ndërsa Horusi lundroi në lumë, njerëzit e tij u bënë gati. Heshtat dhe zinxhirat e tyre ishin farkëtuar prej hekuri, por ishin të forcuar me magji.

Ata i flakën zinxhirat e tyre në ujë, duke bërë këmbë dhe gjymtyrë të ngatërroheshin. Ata tërhoqën kafshët që ulërisnin drejt majave të mprehta të heshtave të tyre dhe ua shpuan lëkurat.

Kur Seti pa shkatërrimin e kafshëve të tij, britmat e tërbimit të tij tundën tokën si bubullima. "Do ta vras vetë Horusin," u betua, dhe ndryshoi edhe një herë formën e tij — ai iu afrua Horusit si përbindësh i tmerrshëm, me gjak të qelbur që pikonte nga një kokë e kalbur.

But Set was not so easily defeated; he called on fierce magic of his own, transforming his men into an army of huge hippopotami and crocodiles. Silently they slid into the Nile, lying in wait for Horus' boat.

As Horus sailed up the river, his men prepared. Their lances and chains were crafted of iron, but they were strengthened with spells.

The men cast their chains into the water, entangling legs and limbs. They dragged the bellowing beasts towards the sharp points of their lances and pierced their skins.

When Set saw his beasts destroyed, his cries of rage shook the earth like thunder. "I will kill Horus myself," he swore, and changed his form again - he advanced on Horus as a hideous monster, with stinking gore dripping from a rotting head.

Me një prerje të vetme Horusi ia hoqi kokën, dhe ia bëri trupin copë-copë. Ligësia e Setit u shua më në fund.

Horusi triumfoi, e kështu për herën e parë ai u ul në fronin e të atit. Edhe Horusi mbretëroi aq urtësisht dhe aq mirë sa Osiri kishte mbretëruar para tij.

With a single slice Horus cut off the head, and hacked the body to pieces. The wickedness of Set was quenched at last.

Horus was triumphant, and so for the first time sat down on his father's throne. And Horus ruled as wisely and as well as Osiris before him.